AF357027

DE LA LÉGISLATION COLONIALE

DANS SES RAPPORTS

AVEC L'IMPOT SUR LE SUCRE DE CANNES

ET

LE SUCRE DE BETTERAVES.

IMPRIMERIE DE PAUL DUPONT ET COMP.,
Rue de Grenelle-St-Honoré, n° 55.

DE LA LÉGISLATION COLONIALE

DANS SES RAPPORTS

AVEC L'IMPOT SUR LE SUCRE DE CANNES

ET

LE SUCRE DE BETTERAVES,

PAR M. SÉNAC,

CHEF DU BUREAU DU COMMERCE AU MINISTÈRE DES TRAVAUX PUBLICS, DE L'AGRICULTURE ET DU COMMERCE.

(EXTRAIT DE LA REVUE COMMERCIALE.)

Paris,

AU BUREAU DE LA REVUE COMMERCIALE,

RUE DE GRENELLE-St-GERMAIN, No 126.

1837.

DE LA LÉGISLATION COLONIALE

DANS SES RAPPORTS

AVEC L'IMPÔT SUR LE SUCRE DE CANNES

ET

LE SUCRE DE BETTERAVES.

Valin a fait connaître dans le commentaire de l'ordonnance sur la marine l'origine et le développement du régime colonial : laissons-le parler, sans perdre de vue qu'il écrivait en 1760 :

« En 1664, au mois de mai, parut la célèbre compagnie des Indes Occidentales ;.... elle avait en partage la seigneurie de nos îles de l'Amérique avec le privilège exclusif d'y faire le commerce. Toutefois ce commerce n'était pas interdit aux particuliers ; mais ils ne pouvaient y aller commercer qu'avec la permission de cette compagnie.

« Dès que Louis XIV eut vu que l'ardeur de ses sujets pour le commerce, surtout pour celui des îles de l'Amérique, avait répondu à ses intentions, il se hâta de révoquer l'octroi de la compagnie des Indes Occidentales.... qui ne subsista que dix ans : l'époque de la suppression étant fixée par l'édit du mois de décembre 1674.

« Avant les arrêts des 10 septembre 1668 et 12 juin 1669, cette compagnie, non seulement donnait les permissions pour le commerce des îles, mais encore délivrait les congés.... Par ces arrêts le roi ordonna que ces voyages ne se feraient à l'avenir qu'à la faveur de passeports de la Cour.

« Un des motifs de cette mesure était d'empêcher que les étrangers ne partageassent ce commerce avec les Français ; et c'est pour cela que, par l'arrêt du 12 juin 1669, il fut ordonné que les passeports du roi ne seraient plus délivrés que sur des certificats des directeurs de la compagnie, et que l'enregistrement en serait fait au greffe des amirautés des lieux du départ des vaisseaux, avec soumission de la part des armateurs de ramener leurs navires, ou dans les mêmes ports ou en quelque autre du royaume : ce qui fut confirmé par arrêts du 1ᵉʳ juillet 1670 et du 30 décembre de la même année.... »

« Avant ce temps-là, au moyen des permissions clandestines que la compagnie donnait aux étrangers, ils s'étaient en quelque sorte emparés du commerce de nos îles ; d'où il était arrivé que, pour mettre un frein à leur cupidité, les gouverneurs avaient introduit l'usage de fixer le prix de leurs marchandises, de même que celui des sucres et autres denrées qui leur étaient données en échange ; et cet usage, ils l'étendirent aux Français après qu'ils eurent rétabli leur commerce à la faveur des ordres précis du roi qui en excluaient absolument les étrangers.

« Et comme cet usage était un abus intolérable tendant à la ruine entière du commerce, il intervint une ordonnance du 9 juin 1670, portant « *qu'à l'avenir toutes les marchandises qui seraient portées de France dans les colonies seraient vendues et débitées, soit en gros, soit en détail, à tels prix, clauses et conditions dont les vendeurs et les acheteurs conviendraient, avec défenses à tous les officiers et autres de mettre aucun prix auxdites marchandises ou aux sucres pris en échange sous quelque prétexte que ce fût.* »

« Il n'était plus question, après cela, que d'empêcher que les étrangers ne participassent plus à notre commerce des îles, et en cela Louis XIV avait l'exemple des autres nations qui toutes, sans exception, ont constamment exclu les étrangers du commerce de leurs colonies.... Les ordonnances des 10 juin 1670, 22 mai et 18 juillet 1671, 23 avril, 5 août et 13 septembre 1686, 20 août 1698, avril 1717 et octobre 1727, furent rendues dans ce but.

« Lors de la suppression de la compagnie des Indes Occidentales,

le droit de trois pour cent sur les marchandises venant de l'Amérique, à quoi avait été réduit celui de cinq pour cent établi dans l'origine, se trouva dévolu au roi, et continua d'être payé sous le nom de droit du domaine d'Occident ; une ordonnance du 10 novembre 1727 y a ajouté un droit de demi pour cent pour le produit être employé aux dépenses nécessaires pour empêcher le commerce interlope aux îles. Ce droit ne devait durer que trois ans ; il a été prorogé depuis et subsiste encore.

« En tout cela il est aisé de reconnaître la suite et l'exécution du plan de commerce formé par Louis XIV ; mais rien ne le prouve mieux que les fameuses lettres-patentes du mois d'avril 1717, données pour les îles de l'Amérique en particulier et ensuite déclarées communes pour nos autres colonies.

« Le préambule de ces lettres-patentes est remarquable ; le voici :

« Le feu roi ayant, par édit du
« mois de décembre 1674, éteint
« et supprimé la compagnie des
« Indes Occidentales, précédem-
« ment établie par un autre édit
« du mois de mai 1664, pour faire
« seule le commerce des îles fran-
« çaises de l'Amérique, et ayant
« réuni au domaine de la cou-
« ronne les terres et pays dont
« elle était en possession, avec per-
« mission à tous ses sujets d'y
« trafiquer librement, voulut par
« différentes grâces les exciter à
« en rendre le commerce plus flo-
« rissant. Cette considération l'en-

« gagea de rendre les 4 juin et 25
« novembre 1671, 15 juillet 1673,
« 1ᵉʳ décembre 1674, 10 mai
« 1677, et 27 août 1701, diffé-
« rens arrêts, par lesquels il
« exempta de tous droits de sortie
« et autres généralement quel-
« conques, les denrées et mar-
« chandises des crus ou fabriques
« du royaume, destinées pour les
« colonies françaises; et par les
« arrêts du 10 septembre 1668,
« 19 mai 1670, et 12 août 1671,
« il accorda la faculté d'entrepo-
« ser dans les ports du royaume
« les marchandises provenant des-
« dites colonies. Nous avons été in-
« formés que les différentes con-
« jonctures des temps ont donné
« occasion à une grande multipli-
« cité d'autres arrêts, dont les dis-
« positions, absolument contraires
« ou difficiles à concilier, font
« naître de fréquentes contesta-
« tions entre les négocians et l'ad-
« judicataire de nos fermes, ce qui
« serait capable d'empêcher nos
« sujets d'étendre un commerce
« qui est utile et avantageux à
« notre royaume et qui mérite
« une faveur et une protection
« particulières; nous avons estimé
« nécessaire d'y pourvoir par une
« loi fixe et certaine, après avoir
« fait examiner les mémoires qui
« nous ont été présentés à ce su-
« jet par les négocians de notre
« royaume, les réponses de l'adju-
« dicataire de nos fermes, et tous
« les édits, déclarations et arrêts
« intervenus sur cette matière...
« A ces causes, etc. »

« Comme cette loi est encore aujourd'hui la règle du commerce
de nos colonies, à quelques changemens près qui ont paru nécessaires, il importe extrêmement de
la faire connaître.

« L'article Iᵉʳ détermine les
ports dans lesquels les armemens
pour les colonies pourront être
faits : depuis, la même faculté a
été étendue à d'autres.

« D'après l'article II, les armateurs doivent s'obliger à faire re-
venir directement leurs vaisseaux
dans le port de leur départ.

« Suivant cet article, le bœuf
salé, venant des pays étrangers
dans un des ports où peuvent se
faire les armemens pour les colonies, est déclaré exempt de tous
droits d'entrée et de sortie, à condition de le mettre en entrepôt.

« L'article III porte exemption
de tous droits d'entrée et de sortie pour toutes denrées du cru ou
de la fabrique du royaume, destinées pour les colonies.

« Une ordonnance du 4 mars
1699 défendait de porter de l'or
ou de l'argent monnayé aux colonies pour y commercer, de manière que le commerce ne doit s'y
faire qu'avec des denrées et marchandises.

« L'article 15 accorde la permission d'entreposer les marchandises et denrées de toutes sortes du cru des colonies, à leur
arrivée dans les ports privilégiés
pour ce commerce, pour être
transportées à l'étranger, moyennant le seul droit de 3 p. o/o.

« Un arrêt du Conseil du 3 septembre 1726, dérogeant à l'article II ci-dessus , a permis aux négocians français qui armeront pour les colonies de porter toutes les marchandises et denrées qu'ils y auront prises, en droiture à Marseille; le même arrêt a permis pareillement aux négocians des ports de St-Malo , Morlaix , Brest et Nantes, venant de l'Amérique, de faire leur retour en tel desdits ports de Bretagne qu'ils aviseront.

« L'article 26 fait défense de transporter des colonies dans les pays étrangers ou dans les îles étrangères voisines, aucunes marchandises du cru desdites colonies.

» Il a été aussi dérogé à cet article par arrêt du conseil du 27 janvier 1726, par rapport à l'Espagne où il est permis de porter directement toutes sortes de marchandises du cru des îles françaises de l'Amérique, à l'exception seulement des sucres bruts. Cette permission toutefois ne s'étend pas aux habitans desdites colonies.

« Cet arrêt n'a rien de commun avec la déclaration du roi du 29 janvier 1716, par laquelle le commerce de la mer du Sud a été défendu aux Français sous peine de mort. »

Nous venons de voir, par ces extraits du commentaire sur l'ordonnance de la marine, ce qu'était jusqu'en 1760 le régime colonial : quelques faits particuliers achèveront de le faire connaître.

L'arrêt du 20 juin 1698 avait accordé aux négocians français la permission de porter des sucres terrés et raffinés à droiture des îles et colonies françaises de l'Amérique dans les pays étrangers aux conditions expliquées dans ledit arrêt : l'article 26 des lettres-patentes du mois d'avril 1717, rapporta cette permission et défendit aux habitans des colonies et aux négocians du royaume de transporter, des colonies dans les pays étrangers, aucunes marchandises du cru des colonies.

Le même arrêt allait plus loin : il voulut que les navires expédiés des ports de France pour les colonies revinssent effectuer leur retour dans le port d'armement, sans qu'il leur fût permis de faire aucune escale ou de choisir pour le déchargement de leur cargaison les ports les plus favorables pour la vente des denrées coloniales. Ainsi les armateurs de St-Malo, obligés d'envoyer leurs navires à Bordeaux pour charger des vins, des eaux-de-vie et des farines, base de toutes les cargaisons destinées aux colonies, se virent contraints de faire leur retour à St-Malo, bien qu'il ne fût pas possible de s'y défaire des denrées et marchandises du cru des colonies.

Cet état de choses excita des plaintes : les députés du commerce, ceux de Nantes et de St-Malo en particulier, portèrent au conseil de commerce les réclamations du commerce maritime et demandèrent pour les négocians français la *faculté de transporter directe-*

ment, en Espagne seulement, les marchandises des îles et colonies, et dans tous les cas le droit de faire leur retour dans tels des ports de France désignés pour ce commerce qu'ils jugeraient à propos. »

La question était en délibération au Conseil lorsque M. le comte de Maurepas vint annoncer que l'Espagne avait levé la prohibition, à l'entrée, dont les sucres du Brésil étaient frappés, ce qui le portait à penser *qu'il conviendrait au bien du commerce du royaume et à l'avantage des colonies* de rendre aux négocians français la permission accordée par l'arrêt du 20 juin 1698, et retirée par les lettres-patentes d'avril 1717, d'exporter à droiture à l'étranger les sucres terrés et raffinés des colonies.

La question se présentait sous un triple point de vue : l'exportation directe des sucres autres que bruts devait-elle être permise? Cette permission devait-elle profiter aussi aux navires des colonies? Le droit d'exportation devait-il s'étendre à toutes les autres denrées du cru des colonies?

La faculté d'exporter directement en Espagne les sucres terrés et raffinés ne rencontrait aucune contradiction.

Mais il n'en fut pas de même de l'extension de cette faculté aux bâtimens des colonies : on représenta qu'il n'avait jamais été permis aux habitans des îles françaises de l'Amérique d'envoyer ou de porter leurs marchandises et denrées par leurs vaisseaux directement à l'étranger : que s'il avait été fait mention d'eux dans l'article 26 des lettres-patentes du mois d'avril 1717, c'était plutôt pour renouveler les défenses qui leur avaient été expressément faites par une ordonnance du 18 juillet 1671, que pour révoquer à leur égard la permission qui avait été accordée, par l'arrêt du 20 juin 1698, aux négocians français d'exporter des sucres terrés et raffinés à droiture des îles dans les pays étrangers; que cette faculté n'avait jamais été que pour les vaisseaux expédiés d'Europe aux îles et que l'exclusion des vaisseaux des habitans des îles par rapport à cette faculté était fondée sur ce que si l'on pouvait se porter à la leur accorder, il ne serait pas possible de prendre des mesures justes pour empêcher que les vaisseaux de ces habitans, qui auraient été dans les pays étrangers, fissent leur retour aux îles avec des marchandises et denrées étrangères; ce qui anéantirait absolument le commerce de France, aux îles françaises de l'Amérique; et que, quand bien même on leur prescrirait de venir en France charger pour leur retour, après avoir déchargé et vendu leurs marchandises dans les pays étrangers, ils auraient toujours des prétextes pour s'en dispenser. »

Quant à la proposition de permettre aux négocians français l'exportation directe en Espagne de toutes marchandises du cru des colonies, autres que sucres bruts, on disait que cette extension était le complément nécessaire de la mesure; qu'un négociant ne pourrait se résoudre à charger seulement des sucres terrés ou raffinés, sans autre assortiment de marchandises du cru des îles; que, parmi ces marchandises, il y en avait, telles que le cacao, dont la consommation était grande en Espagne; que pour vendre avantageusement des sucres raffinés, il convenait souvent d'avoir d'autres marchandises à offrir, et qu'enfin, si l'on réduisait la permission aux sucres, ce serait faire trop sentir aux Espagnols et aux Portugais qu'on avait en vue d'affaiblir l'effet que produisait déjà l'alliance récemment contractée entre ces deux nations, et en faveur de laquelle on venait de lever la défense qui subsistait depuis si long-temps d'introduire en Espagne des sucres du Brésil ; que si l'on devait s'efforcer de réduire autant que possible cette importation par l'exportation directe de nos sucres terrés et raffinés, la prudence commandait de ne pas laisser connaître cette intention pour ne pas laisser lieu à des représailles plus nuisibles à notre commerce que les introductions des sucres du Brésil.

Les fermiers généraux, faisant valoir l'intérêt des droits du roi, résistaient à cette dernière mesure; mais le sentiment contraire prévalut, et bientôt après parut l'arrêt du 27 janvier 1726 dont suit le préambule.

« Le roi voulant favoriser de « plus en plus le commerce des îles « françaises de l'Amérique, se se- « rait fait représenter en son Con- « seil l'arrêt du 20 juin 1698 et les « lettres-patentes du mois d'avril « 1717, portant réglement pour le « commerce des colonies françaises, « et S. M. ayant jugé convenable « au bien et à l'avantage desdites « colonies de permettre le trans- « port des sucres et autres mar- « chandises du cru des îles fran- « çaises directement dans les ports « d'Espagne...... etc. »

Cet arrêt permit aux négocians français, autres que ceux des îles, de porter en droiture, des îles françaises de l'Amérique, dans les ports d'Espagne, les sucres de toutes espèces, à l'exception néanmoins des sucres bruts, ensemble toutes les autres marchandises du cru des îles françaises de l'Amérique..... à la condition de venir ensuite désarmer dans le port de départ, et d'y acquitter, sur les marchandises exportées des îles, les droits du domaine d'Occident.

L'exclusion prononcée par cet arrêt contre les sucres bruts était fondée sur ce qu'il convenait de réserver aux sujets du roi une main d'œuvre utile à l'état; de ne pas provoquer les justes plaintes des entrepreneurs des raffineries après les sacrifices faits par eux pour créer cette industrie : on ajoutait que l'Espagne ne possédant pas de raffineries, la permission d'y transporter des sucres bruts ne servirait qu'à favoriser des transbordemens en mer, ou dans les ports d'Espagne, sur des navires étrangers.

Quelques mois plus tard les habitans des îles réclamèrent contre l'interdiction qui les excluait du bénéfice de l'exportation directe en Espagne; mais les motifs qui avaient inspiré cette restriction la firent maintenir dans toute sa rigueur.

Une circonstance particulière vint, trois ans plus tard, appeler l'attention sur une question non moins importante pour les habitans des colonies.

Une ordonnance de l'intendant de la Martinique avait défendu au directeur pour les fermiers généraux dans cette colonie, de percevoir à l'avenir le droit de 40 sols pour cent sur les sucres destinés pour les côtes espagnoles dans l'Amérique : cette mesure était basée sur une décision de M. de Maurepas, du 5 novembre 1726, et sur l'article 15 des lettres-patentes du mois d'avril 1717 (1).

Les fermiers généraux représentaient que la décharge de droit portée par l'article mentionné ne concernait que les sucres des colonies exportés à l'étranger des entrepôts d'Europe et ne pouvait s'appliquer à ceux qui sont portés directement des îles aux côtes es-

pagnoles de l'Amérique; *qu'en effet, suivant l'article 333 du bail, le fermier du domaine d'Occident avait toujours eu la jouissance de ce droit en pareil cas,* et que la perception en avait été confirmée par différens arrêts du Conseil et, entre autres, par ceux du 28 juin 1712 et 6 juillet 1723.

Mais M. de Maurepas répondit dans une lettre du 3 août 1728 :

« Que si l'article 15 des lettres-patentes du mois d'avril 1717 ne fait mention, pour l'exemption de ce droit, que des sucres entreposés en France et envoyés à l'étranger, c'est parce que l'on ne pensa pas alors qu'on en pût déboucher directement des îles pour la côte d'Espagne.

« Que si l'on réfléchit sur les avantages qui résulteraient du commerce des îles à la côte de l'Amérique espagnole, *les sucres qui y seraient transportés mériteraient une plus grande faveur que ceux qui sortent de France pour l'étranger;*

« Que l'objet en était médiocre et qu'il serait à désirer pour le bien des îles françaises et pour le commerce du royaume qu'il pût devenir plus considérable;

« Que dans toutes les défenses qui ont été faites de traiter avec l'étranger, *le commerce avec les côtes espagnoles dans l'Amérique a été, non seulement excepté, mais très fortement recommandé, puisque c'est le seul qui fait rentrer aux îles les piastres et les réaux de platte.* »

Les fermiers généraux n'insis-

---

(1) Cet article, comme on l'a vu plus haut, est relatif à la faculté d'entreposer les denrées coloniales pour les réexporter à l'étranger moyennant le seul droit de trois p. o/°.

tèrent pas, attendu, dirent-ils, qu'ils reconnaissaient que le droit de 40 sols n'avait été établi originairement, en 1675, que sur les sucres qui venaient en France, et que d'ailleurs l'utilité du commerce à la côte d'Amérique espagnole paraissait demander faveur; ils exceptèrent néanmoins les sucres raffinés qui devaient incontestablement le droit pour toute destination suivant l'article 23 des lettres-patentes du mois d'avril 1717.

Le 1ᵉʳ décembre 1729, il fut donc décidé que *les sucres terrés ou cassonnades qui seraient transportés directement des îles françaises aux côtes de l'Amérique espagnole ne devaient pas être soumis au droit de 40 sols, mais* acquitteraient seulement le droit de 3 p. ₀/° dû au domaine d'Occident, attendu que ce dernier droit représentant l'ancien droit du domaine aux îles, bien que pour la commodité du commerce il eût été transféré à l'arrivée dans les ports du royaume, n'avait pas, pour cela, changé de nature, et était dû sur toutes les marchandises et denrées du cru de ces îles.

Tel était dans la pratique, à l'origine même de la législation, ce régime colonial si absolu et si rigoureux en principe; subissant sans cesse la loi des circonstances, il obéissait avec une merveilleuse facilité aux nécessités de la politique ou du commerce, et ne fut jamais, entre les mains de la métropole, qu'un instrument destiné à exploiter une terre conquise.

Ainsi, quand la France craignit un jour de voir passer ses colonies au pouvoir de l'ennemi, il fut question d'y admettre les neutres comme moyen de les sauver et cela, dit Valin, *de peur d'altérer un peu le bien-être de ces superbes colons qui semblent ne tenir à la France qu'à proportion des avantages qu'ils en retirent, et qui, en temps de guerre, ne croient pas devoir en partager avec elle les malheurs et les inconvéniens.*

Il est d'ailleurs un pouvoir supérieur à toute législation; c'est la loi de la nécessité.

Incapable de nourrir ses colonies, la France, en 1717, permet d'y porter, sans droit, du bœuf salé étranger tiré des entrepôts français; en mai 1736 et janvier 1737, elle autorise les navires français à aller charger directement en Irlande, pour les porter aux colonies, des bœufs et chairs salés, des saumons salés, beurres, suifs et chandelles; puis, vient un arrêt du Conseil du 29 juillet 1767, qui constate que la France ne peut ni fournir tout ce qui est nécessaire aux colonies, ni acheter tout ce qu'elles produisent, et qui autorise l'établissement d'un entrepôt à St-Louis et d'un autre à St-Domingue.

Plus tard, paraît l'ordonnance du 10 juillet 1778, qui admet les neutres au commerce des colonies; ordonnance rapportée ensuite par une décision du 24 mai 1783, attendu la cessation de la guerre.

Ces différens actes avaient relâché successivement les liens du régime colonial : l'arrêt du 30 août 1784 vint consacrer en principe les dérogations dont le temps avait constaté la nécessité. Le préambule et les dispositions de cet acte sont remarquables.

« Le roi, y est-il dit, toujours « occupé du soin de concilier l'ac- « croissement des cultures de ses « colonies d'Amérique avec l'ex- « tension du commerce général de « son royaume, n'a jamais perdu « de vue les moyens qui pouvaient « contribuer à la prospérité de « ses possessions au delà des mers « *sans diminuer les avantages que* « *la métropole devait retirer de ces* « *établissemens;* mais les principes « à suivre pour parvenir à ce but « présentaient des difficultés qui « ne pouvaient être vaincues *qu'à* « *mesure que l'expérience aurait* « *éclairé sur les changemens à in-* « *troduire dans cette partie impor-* « *tante de l'administration.* Par le « compte que S. M. s'est fait ren- « dre de ceux qui ont eu lieu jus- « qu'à présent, elle a reconnu « qu'il avait été nécessaire de « tempérer successivement la ri- « gueur primitive des lettres-pa- « tentes du mois d'octobre 1727, « dont les dispositions écartent ab- « solument l'étranger du com- « merce de ses colonies; et que « pour maintenir dans un juste « équilibre des intérêts qui doi- « vent se favoriser mutuellement, « *il avait fallu, en différens temps,* « *apporter des modifications à la*

« *sévérité des réglemens prohibitifs.* « Considérant que les circonstances « actuelles sollicitent de nouveaux « adoucissemens, etc. »

A la suite de ce préambule, l'arrêt constitue de nouveaux entrepôts à la Guadeloupe, à la Martinique et à Tabago, et permet aux navires étrangers, du port de soixante tonneaux au moins, de porter dans les ports d'entrepôt et d'y *décharger et commercer* des bois de toute espèce, même des bois de teinture, du charbon de terre, des animaux et bestiaux vivans de toute nature, des salaisons de bœuf, des morues et poissons salés, des riz, maïs, légumes, cuirs verts, en poil ou tannés, des pelleteries et des résines et goudrons.....

Il permet en outre auxdits navires de charger aux mêmes lieux, pour l'étranger, des sirops et taffias et des marchandises venues d'Europe.

Deux ans plus tard, le 10 septembre 1786, « le roi ayant égard « à la position particulière où se « trouve l'île de Ste-Lucie et vou- « lant encourager le rétablisse- « ment des sucreries que le mal- « heur des temps a fait abandonner, « permet aux habitans de ladite « île d'exporter à l'étranger, jus- « qu'au 1er août 1789, par les bâ- « timens français ou étrangers qui « seront expédiés du port d'en- « trepôt, les sucres bruts du « cru de ladite île à l'exclusion « de tous les autres, en acquit- « tant, avant le départ, le droit

« du domaine d'Occident, etc. »

C'est ainsi que de concessions en concessions le régime colonial s'est traîné jusqu'en 1789, luttant sans cesse pour maintenir le monopole du domaine d'Occident contre les envahissemens du commerce étranger et contre la puissance des faits.

Le 22 juin 1791, l'assemblée nationale essaya, par un décret sanctionné le 10 juillet suivant, de régler les rapports de la métropole avec les colonies. « Les armemens « des vaisseaux destinés pour les îles « et colonies françaises furent per- « mis dans tous les ports du « royaume, à la charge de faire « directement le retour desdits « bâtimens dans un port du « royaume, et sans toucher à l'é- « tranger, hors le cas de relâche « forcée....

« Les marchandises et denrées « expédiées des colonies sur des « vaisseaux desdites colonies pour « un des ports du royaume, seront « traitées, dit le décret, comme « celles apportées par les bâtimens « armés en France. »

Cette loi maintenait le privilége colonial dans l'état où le lui léguait la vieille monarchie ; mais les événemens marchaient avec rapidité.

Le 19 février 1793, la Convention, *voulant accorder de nouvelles faveurs aux États-Unis d'Amérique et traiter cette nation alliée, dans ses relations commerciales avec les colonies françaises, de la même manière que les bâtimens français*, exempta de tous droits les objets d'approvisionnement importés aux colonies, par les navires américains, et étendit la même exemption aux bâtimens français chargés des mêmes denrées venant de l'étranger. Les Américains eurent en outre la faculté de charger en retour des cafés et sucres des colonies. Enfin les bâtimens des nations avec lesquelles la France n'était pas en guerre reçurent l'autorisation d'introduire les mêmes denrées dans les colonies et d'en extraire toutes marchandises à la destination des ports de France.

Cette mesure, commandée par une nécessité de guerre, n'était que le prélude d'une mesure à laquelle la parole puissante des réformateurs avait préparé les esprits : le 11 septembre 1793, Barrère monta à la tribune, et fit le rapport suivant :

« Pendant que les Anglais cherchent à ruiner nos colonies et à profiter des maux soufferts par cette partie importante de la République, vos comités, colonial, des finances, et de salut public, ont pensé qu'on devait s'occuper des moyens de leur rendre justice. Il en est un à la fois politique et légitime, nécessaire pour donner un grand exemple aux autres peuples. La chute des barrières était réclamée depuis long-temps par les publicistes ; l'Assemblée Constituante l'a ordonnée. Dès lors vous avez vu que cette suppression de tous les droits dans l'intérieur a porté un grand avantage au com-

merce et à la perception des douanes extérieures, qui ont acquis plus
de force et de consistance. La législation commerciale et fiscale des
colonies doit être basée sur le
même point.

« Les colons sont aussi français;
ils ont droit de vous dire : pourquoi existe-t-il dans l'Océan une
grande barrière, et des douanes
entre la métropole et nous? Pourquoi toutes les parties de la Répu-
publique ne sont-elles pas également traitées?... C'est cette grande
barrière que vos comités vous
proposent de détruire. L'intérêt
de cette suppression est évident :
le motif en est le même que celui
de la destruction de toutes les autres barrières.

« Quand les colonies verront
que vous les traitez comme les autres départemens, elles recevront
vos lois avec d'autant plus d'em-
pressement qu'elles en ressentiront
réellement les bienfaits : leur intérêt les aiguillonnera et les forcera de concourir à la défense de
la liberté. La franchise de l'importation des denrées coloniales en
France amènera une plus grande
abondance de denrées en France,
forcera peut-être les autres puis-
sances à abattre aussi les barrières
que leur avarice a placées entre
elles et leurs colonies, et portera
ainsi un grand coup à la fisca-
lité.

« Qu'y a-t-il à opposer à cette
mesure? La seule objection qu'on
pourrait faire aux philosophes,
aux publicistes, aux amis de l'égalité, serait que les douanes cal-
culent que nous nous privons
d'une branche assez considérable
d'impôts. Mais remarquez que la
suppression de ces droits inté-
rieurs ne nécessitera pas celle des
douanes. Les impôts, au lieu d'être
perçus par une partie de la république sur l'autre, seront placés
entre les colonies et les étrangers,
entre nos ports et les autres puis-
sances commerçantes; des lois fis-
cales ne sépareront plus les Français des îles de ceux du Continent.

« Il est importé annuellement
pour deux cents millions de marchandises coloniales en France :
elles paient l'impôt. Il est clair
qu'il n'y a que la partie qui se
consomme chez nous qui jouira
de l'exemption que vous allez dé-
créter : car, lorsqu'après avoir ali-
menté l'industrie de nos manufactures, elles passeront dans la balance du commerce de l'Europe,
elles acquitteront l'impôt qui,
alors, ne sera supporté que par
les étrangers. Il est donc juste autant que politique de prendre
cette mesure qui ralliera les colons
à la métropole, qui les rattachera
à vous, au moment où l'on cher-
che, par des conspirations et des
intrigues de tout genre, à vous les
enlever. »

La Convention Nationale, après
avoir entendu ce rapport, décré-
ta :

« Que les droits d'octroi, de
« sortie, et sous toute dénomina-
« tion quelconque, perçus dans

« les colonies françaises de l'Amé-
« rique, île de France, Bourbon et
« Mozambique, sur les denrées et
« productions des cru et sol des-
« dites colonies, expédiées pour
« France, étaient supprimés ;

« Que les droits d'entrée, de
« consommation et tous les autres
« perçus en France sur les den-
« rées et productions desdites
« colonies, pour entrée et con-
« sommation en France, étaient
« supprimés ;

« Et que tous droits perçus sui-
« vant le tarif actuel, soit dans les
« colonies, soit en France, sur les-
« dites denrées et productions, se-
« raient acquittés et perçus pour
« exportation desdites denrées et
« productions de France à l'étran-
« ger, soit par terre, soit par mer,
« sur des bâtimens étrangers. »

La Convention Nationale char-
gea en outre les comités colonial
et de marine réunis de présenter
sans délai un *réglement du commerce étranger dans les colonies
françaises.*

L'acte de navigation qui suivit
de près ce décret se borna, relativement au régime colonial, à
poser en principe qu'aucune denrée, production ou marchandise
étrangère ne pourrait être impor-
tée dans les colonies que par les
bâtimens français, ou appartenant
aux habitans du pays des crus,
produits ou manufactures desdites marchandises.

Les actes qui vinrent ensuite
peuvent être passés sous silence,
et l'on sait toutes les vicissitudes

que les colonies françaises ont
éprouvées durant le cours de la révolution et de la guerre maritime :
elles ont été occupées par les Anglais, et si leurs produits arrivaient
encore en France, ce n'était que
par des bâtimens hollandais ou
américains pour lesquels le décret
impérial du 1er novembre 1810
établissait un tarif spécial (1).

A la Restauration, comme après
la paix d'Amiens, on songea à re-
nouer, après une si grande inter-
ruption, les liens du régime colonial, sans trop rechercher quels
immenses changemens s'étaient
accomplis entre l'époque où Col-
bert accordait 10 et 13 fr. par
tête de Nègre importé aux colonies,
où il obligeait la compagnie du Sénégal d'y en apporter deux mille
par année, et l'époque où nous
reprenions, en 1814, possession
de nos colonies (2).

La loi du 8 floréal an XI, dis-
posant après l'arrêté du 4 messi-

____

(1) Note lue par le ministre du commerce à l'assemblée des conseils généraux de l'agriculture, des manufactures
et du commerce, le 19 janvier 1836,
p. 2.

(2) *Idem ;* p. 3.

N. B. L'arrêt du 26 octobre accordait une gratification de 40 livres par
tonneau aux navires français employés
à la traite, et une prime de 60 livres
par tête de noir importé à la Martinique
et à la Guadeloupe, et de 100 livres à
Cayenne, etc.

Cette prime fut élevée par l'arrêt du
10 septembre 1786 à 160 livres pour les
îles du Vent, et à 200 livres pour Saint-
Domingue.

dor an X qui avait remis en vigueur l'acte du 30 août 1784, s'était bornée à régler l'entrepôt et le transit des denrées coloniales en France ; la loi du 17 décembre 1814 n'eut pour objet que la révision générale des tarifs de douanes ; celle du 7 décembre 1815 élargit le bénéfice et les règles de l'entrepôt et du transit; enfin celle du 21 avril 1818 permit des expéditions mixtes pour les colonies et pour l'étranger.

Jusque là on peut dire que la législation , malgré d'assez nombreuses concessions faites aux circonstances, avait eu constamment en vue de défendre le privilége de la métropole sur toutes les productions des colonies; mais, en 1822, le langage de la loi se modifie ; « le privilége colonial, dit l'article 15 de la loi du 27 juillet 1822, *ne sera accordé aux productions du sol des colonies françaises que lorsqu'elles auront été rapportées directement, ainsi que le veulent les lois du 10 juillet 1791 et 21 avril 1818, et par des navires français de soixante tonneaux au moins.* »

Avant de chercher la cause de cette révolution importante, disons, pour compléter l'exposé de la législation coloniale, que l'article 64 de la Charte de 1830 a déclaré que les *colonies seront régies par des lois particulières,* et que la loi du 24 avril 1833, posant la base de leur nouvelle constitution civile, politique et commerciale, a réservé à la législature du royaume la rédaction des lois sur le commerce,

le régime des douanes, et celles qui auront pour but de régler les conditions entre la métropole et les colonies.

Il importe maintenant de rechercher dans les faits l'explication de ces actes.

Avant la révolution, la possession de la Martinique et de la Guadeloupe n'était pour la France que d'une importance secondaire. Ces deux colonies réunies produisaient 22 millions de kilogrammes de sucre et six millions de kilogrammes de café ; l'île Bourbon donnait peu de sucre et à peu près un million de kilogrammes de café; tandis que St-Domingue récoltait 69 millions de kilogrammes de sucre et 36 millions de café : les produits de toutes nos colonies formaient une valeur annuelle de 165 millions en argent : 57 millions de denrées étaient consommés dans la métropole; 108 millions étaient réexportés ; la France expédiait à ses colonies pour 80 millions de marchandises. Enfin l'ensemble de ses rapports avec ses colonies donnait lieu à un mouvement commercial de 240 millions (1).

St-Domingue périt ; nos autres colonies nous furent successivement enlevées, et quand la Restauration nous les rendit, les cultures s'y trouvaient ruinées et les plan-

---

(1) Exposé des motifs de la loi du 27 juillet 1822.

Enquête de 1829 sur les sucres, p. 224.

teurs écrasés de dettes. L'Angleterre avait garanti leur tranquillité, mais s'était peu inquiétée de leur fortune. Les tarifs avaient soumis les produits de la Martinique et de la Guadeloupe à des droits plus forts que ceux des provenances des Antilles anglaises.

Cette longue dépression fut une des causes de cherté pour la production coloniale (1).

Une autre cause plus réelle encore de renchérissement fut l'interdiction et la répression efficace de la traite des noirs ; ce fait seul aurait suffi pour changer la condition des colonies.

Du moment que nos colonies cessèrent de produire les denrées des tropiques à meilleur marché que les possessions étrangères, ce qui était privilége pour la métropole, devint servitude ; il ne s'agissait plus, comme en d'autres temps, d'assurer à la France le monopole des productions de ses colonies ; les rôles étaient changés : le sucre qui, après avoir expulsé toutes les autres cultures, était devenu la grande, la presque unique production des colonies, ne pouvait plus obtenir son prix nécessaire qu'autant que le marché de la métropole lui serait réservé (2).

L'ordonnance du 23 avril 1814 avait appelé la production étrangère à concourir à l'approvisionnement de notre marché intérieur.

Il fallut la repousser, et ce résultat ne parut pouvoir être atteint, en 1822, que par une surtaxe de 50 francs par 100 kilogrammes sur les sucres bruts d'Amérique (1). La France subissait à son tour la loi d'un contrat qui, jusqu'à ce jour, avait été pour elle une société léonine. Le renchérissement de la production avait amené la concurrence : la concurrence fit naître la surtaxe et, avec elle, la fraude, compagne inévitable des prohibitions et des droits élevés (2). Et de là est sortie cette révolution par l'effet de laquelle la France, dans la loi du 27 juillet 1822, non seulement ne réclame plus, mais repousse et limite ce que, pour la première fois peut-être, elle appelle le privilége colonial.

Le privilége de la métropole sur l'approvisionnement des colonies n'est pas resté plus intact.

L'arrêt du 30 août 1784, l'ordonnance du 5 février 1826 et quelques autres dispositions réglementaires ont permis d'introduire dans nos Antilles un assez grand nombre de provenances étrangères, par exemple, les animaux vivans, les viandes salées, la morue, le riz, le maïs, le sel, le tabac, les bois de toute espèce, les charbon, le brai, le goudron, les pelleteries, les fourrures, le fer étranger (pourvu qu'il sorte de nos entrepôts) et toutes les productions des tropiques (excepté les sucres, les

---

(1) Enquête de 1829, p. 225.

(2) Note du ministre du commerce, p. 7.

(1) Loi du 27 juillet 1822.
(2) Enquête de 1829, p. 234.

cafés, les cotons et les cacaos); enfin, dans les cas d'urgence, les gouverneurs sont autorisés à permettre l'introduction des farines (1). Ces exemptions rendent très incomplet le monopole que la France exerce sur ses colonies (2).

D'un autre côté, l'enquête de 1829 nous apprend que l'on introduit en fraude dans les colonies de grandes quantités d'outils, de coutelas et de ferblanc; un autre témoin joint à cette nomenclature les indiennes, les guingams, les différentes toiles qui se fabriquent en Allemagne, les instrumens aratoires et les ustensiles propres à la fabrication du sucre; enfin le commerce du Havre déclare, par l'un de ses organes, que nos colonies ne demandent guère à la métropole que les articles qu'il ne leur convient pas de tirer d'ailleurs : «c'est une vérité que l'expérience confirme tous les jours, que les colonies se pourvoient ailleurs que dans la métropole de beaucoup d'articles qu'elles peuvent obtenir soit à des prix moindres, soit dans des qualités qui leur conviennent mieux. En supprimant le monopole, on ne ferait que consacrer par un système légal ce qui se pratique déjà illégalement. Ainsi, quelques témoins ont nié l'intensité de la fraude, mais personne n'en a contesté l'existence (1).»

Et cependant c'est sous l'empire de ce régime mutilé que les colonies ont vécu depuis 20 années; durant cet intervalle, la consommation intérieure en sucre est montée de 16 à 67 millions de kilogrammes : la réexportation, sous l'empire de la prime, s'est élevée jusqu'à 15 et 20 millions, et l'Etat a perçu, de 1812 à 1836, 588,185,653 millions de droits nets (2).

Peut-être, grace à la continuité de la paix, au développement de la richesse publique et des consommations, cet état aurait pu se prolonger, et les divers intérêts des colonies, de la navigation, du commerce des ports et du fisc se trouveraient conciliés par la législation actuelle; mais, par l'effet d'un de ces événemens destinés à

______

(1) Une ordonnance royale du 1er novembre 1836 vient de les autoriser à permettre, jusqu'au 1er janvier 1838, l'importation des machines à vapeur, dites *voitures locomotives*, propres au transport des récoltes et au service intérieur des sucreries.

(2) Compte-rendu de l'enquête et des déclarations de l'enquête, p. 299.

(1) Compte-rendu de l'enquête et des délibérations de la commission d'enquête, p. 225.

(2) Voici le tableau des quantités de sucre importé pour la consommation effective, déduction faite des quantités réexportées et du montant des droits nets perçus de 1830 à 1836.

Années.	Quantités.	Sommes.
1830	54,175,559 kil	22,645,507 fr.
1831	67,542,792	27,131,488
1832	62,669,636	20,815,659
1833	57,757,792	21,631,552
1834	66,951,481	30,418,379
1835	68,428,349	30,998,246

faire époque dans l'histoire des peuples, une production nouvelle, héritage d'un grand homme, vient aujourd'hui disputer le marché de l'Europe à la plus riche production des tropiques : le sucre de betteraves qui, jusqu'à ce jour, a fourni à tout l'accroissement de la consommation (1), menace désormais de refouler le sucre de cannes, et déjà les colons déclarent que si la métropole pouvait sans injustice taxer les sucres des colonies, quand elle leur assurait l'approvisionnement à peu près exclusif de son marché, il n'en est plus de même, lorsqu'il est devenu évident que le sucre indigène sera bientôt en état de fournir à toute la consommation et que le marché français doit lui rester exclusivement (2).

Ainsi, il faut bien le reconnaître, le temps a complétement changé les rapports de la France avec ses colonies et ceux des colonies avec la France. Le régime qui les réglait, appauvri par les dérogations, et ruiné par la fraude, survit seul à une révolution désormais accomplie.

« *Raison enseigne*, écrivait en 1355 le roi Jean Ier, *qu'il ne doit mie estre jugié à chose repréhensible, selon les diversités des temps, se les statuts humains se müent.* (1) »

Cette vérité, hommage rendu au progrès de l'esprit humain, s'applique de toute sa puissance à la question des colonies : de nouveaux besoins et de nouveaux intéréts réclament une législation nouvelle.

A une autre époque la Convention Nationale proclamait l'unité de la loi et l'égalité des colonies : La France, disait le rapporteur, y perdra les droits qu'elle perçoit sur deux cents millions de marchandises coloniales; mais tous les Français sont égaux devant la loi. Ce décret n'a pas sauvé les colonies et nous a laissé perdre St-Domingue.

Aujourd'hui les colons disent à la métropole : Ou le maintien rigoureux du contrat commercial de la France avec ses colonies, ou sa dissolution, mais l'un ou l'autre franchement et nettement. Dans le premier cas, égalité parfaite entre la production coloniale et la production indigène, entre le sucre de betteraves et le sucre de cannes; dans le second cas, liberté du commerce avec l'étranger aux mêmes conditions que la métropole (2).

Cette déclaration est nette et

---

(1) On a vu par le tableau, p. 307, note 2, que la quantité de sucres coloniaux entrés dans la consommation n'a pas diminué jusqu'à ce jour, et a même atteint en 1835 son chiffre le plus élevé.

(2) LETTRE du conseil des délégués des colonies françaises à MM. les ministres du commerce, des finances et de la marine, du 4 janvier 1836, p. 2.

(1) Lettres du 13 janvier 1355. Collection des ordonnances des rois de France.

(2) Lettre du conseil des délégués des colonies françaises.

précise ; mais notre époque est-elle assez soucieuse de grandes réformes ou de grandes innovations pour accepter l'alternative qui lui est offerte et se poser hardiment devant la question coloniale ?

En 1835, les colonies ont importé en France pour 51 millions de productions des tropiques et 1200 mille francs de numéraire, et elles ont exporté pour 45 millions de produits naturels ou manufacturés. Ce commerce a employé 450 navires jaugeant 112,271 tonneaux et montés par 6,065 matelots (1). Le montant des droits perçus par le trésor public sur cette importation a été de près de 35 millions de francs sur lesquels il y a seulement à déduire les droits restitués aux sucres réexportés sous bénéfice de la prime. Dans ce mouvement les sucres importés figurent pour 69 millions de kilogrammes, et ont donné lieu à une perception de 32,932,188 francs, ce qui permet de poser en fait que la production de nos colonies se réduit à cet article.

____

(1) Le mouvement de la navigation entre la France et ses colonies, en 1835, a été, savoir :

	nav.	tonn.	homm.
Entrée	429	107,174	5,823
Sortie	472	117,398	6,308
Total.	501	224,572	12,131
Moitié.	450	112,271	6,065

Il est à remarquer toutefois que les navires qui ont fait plusieurs voyages aux colonies dans la même année, font double et triple emploi dans ce calcul.

Du côté de la France, les objets qui forment la base des exportations sont les tissus de coton, les toiles de fil, les vins, eaux-de-vie et liqueurs, les huiles, les graines et farines, les viandes fumées ou apprêtées, les monnaies, les draps et étoffes de laine, les chandelles, les mulets, les faïences et porcelaines, le beurre, la parfumerie, la bijouterie, les bouteilles et verrerie, et l'article de Paris (1). Ces produits représentent une valeur de 30 millions : les 15 autres se composent de cinquante à soixante articles d'une importance moyenne de 100 à 120 mille fr. et d'une foule d'objets de détail servant d'assortiment dans les cargaisons.

Maintenant il est assez difficile de déterminer, avec quelque certitude, quelle perturbation pourrait amener la liberté du commerce jetée à l'improviste au milieu de ces relations. Les colons se croient as-

____

(1) Tissus de coton 9,000,000
Toiles de chanvre et lin . . 5,300,000
Vins, liq., eaux-de-vie . . 4,000,000
Céréales et farines.... 2,100,000
Huiles comestibles.... 1,500,000
Viandes fum. ou apprêt. 1,100,000
Monnaies............. 1,000,000
Draps et étoff. de laine. 900,000
Chandelles 850,000
Mulets.............. 750,000
Faïences et porcelaines. 750,000
Beurre.............. 750,000
Parfumerie 750,000
Bijouterie 500,000
Bouteilles et verrerie .. 475,000
Article de Paris.... 450,000

Total...... 30 173,000

surés du placement de leurs sucres sur les marchés étrangers; mais qui pourrait garantir que les circonstances spéciales, telles que l'abolition de l'esclavage dans les colonies anglaises, et les intempéries des saisons qui ont produit ce résultat, sont de nature à se constituer en état permanent? et, si par hasard ce n'était là qu'un accident passager, que deviendraient, au retour du prix normal, nos sucres coloniaux qui, en 1822, comme on l'a vu, avaient besoin d'une surtaxe de 50 fr. pour les protéger contre les sucres des États-Unis, et qui, en 1829, avouaient une infériorité de 12 fr. par 50 kilogrammes comparativement aux sucres de Porto-Ricco et de Cuba? L'économie résultant du libre approvisionnement des colonies à l'étranger suffirait-elle pour couvrir une pareille différence?

Pour la France, il est à considérer que Cayenne, qui a déjà la libre communication avec les étrangers, ne reçoit des États-Unis que de la morue, du bœuf salé et des planches, et ne tire rien de l'Angleterre (1); que le Sénégal, qui, dans l'état actuel, est plutôt une position qu'une colonie, tire déjà de l'étranger plus des 2/5 des marchandises servant à la traite (2) et

peut d'ailleurs être maintenu provisoirement dans un régime exceptionnel : à l'égard de la Martinique, de la Guadeloupe et de Bourbon, déjà ces colonies, comme on l'a vu, se pourvoient, ailleurs que dans la métropole, de beaucoup d'articles qu'elles peuvent obtenir soit à des prix moindres, soit dans des qualités qui leur conviennent mieux. Il est à croire, d'ailleurs, qu'elles ne cesseraient pas de demander à la France une bonne partie des objets qu'elles en tirent maintenant; et qu'ainsi qu'il est arrivé à St-Domingue, les produits français, par l'effet des habitudes, continueraient à y obtenir la préférence; et, d'un autre côté, la France, libre par la suppression du privilége colonial de tirer de l'Amérique étrangère tout ou partie des denrées que lui fournissent aujourd'hui ses colonies, trouverait dans ce moyen d'échange de nouveaux débouchés pour ses produits, notamment pour les articles de mode et de luxe, ses toiles, ses indiennes, ses sucreries, sa bijouterie, sa parfumerie, ses vins, ses eaux-de-vie, ses huiles (1); en un mot, pour tous les articles qu'elle place déjà aux États-Unis où elle a expédié, en 1835, 145 millions de marchandises françaises en regard d'une importation de 71 millions de productions américaines.

Ces faits, même en présence de la déclaration si positive des co-

_____

(1) Enquête de 1829.

(2) La valeur des marchandises portées au Sénégal, en 1833, a été de 4,607,220 fr.; dans cette somme les marchandises tirées de l'entrepôt figurent pour 2,041,874 fr.

_____

(1) Enquête de 1829.

lonies et malgré l'axiome : *volenti non fit injuria*, imposent au gouvernement, tuteur, au même titre, de tous les intérêts français, la circonspection la plus rigoureuse.

En 1829, le délégué de la chambre de commerce de Paris, entendu dans l'enquête, disait : « La chambre désire voir arriver le moment où il sera possible d'admettre à des droits égaux les sucres de toutes les provenances, ou du moins de réserver de moindres faveurs à ceux de nos colonies : mais elle a considéré qu'une mesure tranchée porterait un coup funeste à des possessions que la France, comme puissance maritime, doit avoir à cœur de conserver (1).

Le délégué de la chambre de commerce du Havre, entendu à la même époque, demandait, au nom du commerce de cette ville, afin d'éviter toute secousse qui pourrait compromettre soit des intérêts, soit des droits acquis, la décroissance progressive de la surtaxe existante, au moyen d'une réduction annuelle de 4 fr. pendant 10 années, et de 3 fr. la dernière, jusqu'à la limite de 7 fr. par 100 kilogrammes, qu'il considérait comme devant suffire à l'époque pour laquelle elle était proposée, pour protéger les sucres des colonies françaises contre les sucres étrangers (2).

Le même délégué ajoutait : Le

commerce du Havre pense que nos colonies, en retour du privilége qu'elles perdraient, devraient être affranchies de l'obligation de tirer de la métropole une grande partie des produits qui leur manquent, et qu'elles devraient aussi être autorisées à vendre leurs propres denrées à l'étranger en échange des marchandises qu'elles auraient à leur demander; mais que ces innovations devraient également s'opérer avec une sage progression.

La commission d'enquête pensait aussi que c'est avec lenteur et ménagement qu'il convenait de modifier successivement ce que notre régime colonial présente de défectueux en soi et de dommageable à la métropole.

Posée dans les termes indiqués, par les opinions que nous venons de rappeler, la question se rapprocherait beaucoup de la solution que lui avait donnée la Convention Nationale : liberté complète de commerce et franchise de tous droits entre les colonies et la métropole; protection des denrées métropolitaines aux colonies, et des productions coloniales dans la métropole au moyen d'une surtaxe sur les produits similaires étrangers.

Ce système, vers lequel chaque jour mène forcément, est certainement destiné à remplacer, avant peu, ce qu'on appelle improprement le contrat de la métropole avec ses colonies; deux obstacles sérieux semblent seuls retarder en

----

(1) Enquête de 1829, p. 104 et suiv.
(2) *Idem*, p. 118 et suiv.

rer cette grande réforme : le trésor public et le sucre de betteraves : le trésor, qui, en ce moment, ne peut renoncer sans compensation à un revenu de plus de 3o millions, et le sucre de betteraves, qui ne pourrait être immédiatement destitué de la totalité de l'encouragement indirect sous l'influence duquel il s'est développé avec tant d'énergie.

De ces deux obstacles, l'un disparaît, quand il sera constaté que le sucre de betteraves peut être livré au même prix que le sucre de cannes dégrevé de tout impôt et chargé seulement de ses frais de transport; l'autre s'affaiblit grandement devant cette considération que si, grace à l'augmentation de la consommation qui a marché du même pas que la fabrication indigène et l'a absorbée tout entière, le produit de l'impôt n'a pas diminué jusqu'à ce jour, tout annonce que cet état de choses ne saurait se maintenir plus long-temps, et que le moment arrive où la production indigène, refoulant une quantité notable de sucre colonial, va réduire le produit de l'impôt dans une proportion analogue. Ainsi le sacrifice du trésor, volontaire aujourd'hui, serait obligé demain, et force lui serait de faire, comme on dit vulgairement, de nécessité vertu.

Mais, si la considération de ce double obstacle devait prévaloir contre l'urgence de la réforme coloniale, si le temps n'était pas mûr encore pour une constitution ca

pable de vie et d'avenir, il est des nécessités auxquelles il importe de pourvoir, et les expédiens ne manquent pas.

Le premier point est de rétablir entre le sucre de cannes et le sucre indigène l'équilibre rompu par les progrès de ce dernier : plusieurs moyens peuvent conduire à ce résultat, l'établissement d'un impôt sur le sucre de betteraves; l'abaissement du droit sur le sucre colonial et sur le sucre étranger, et l'établissement d'un droit de consommation uniforme sur le sucre de toute provenance ; enfin, l'abaissement du droit d'entrée sur les sucres coloniaux et étrangers.

L'établissement d'un impôt spécial sur le sucre indigène sera toujours une mesure sans portée et sans résultat : attentatoire aux droits de la propriété, s'il a pour effet d'interdire la production du sucre à l'agriculture au profit de l'industrie manufacturière; vexatoire dans son exercice, coûteux de perception, et, par dessus tout, improductif pour l'Etat.

L'abaissement du droit d'entrée sur les sucres étrangers, sans autre taxe, ne sera et ne peut être qu'un palliatif : il aura sans doute pour résultat de rétablir d'abord la balance en faveur du sucre exotique; mais cet effet ne sera que transitoire, et l'industrie indigène marchant toujours, l'Etat, entré dans cette voie, sera conduit d'abaissement en abaissement à l'annihilation de l'impôt, sans avoir rien mis à sa place. Il ne faut pas per dre de vue, d'ailleurs, que la production coloniale ne pouvant guère excéder 80,000,000 de kilogrammes, il n'y a point à compter sur l'augmentation de la consommation qui appartiendra au sucre indigène, sans profit pour le trésor. Ainsi, ce moyen pourrait maintenir provisoirement le *statu quo* entre les deux industries rivales, mais il ne sauverait pas l'impôt.

Reste enfin le dernier moyen : l'abaissement du droit d'importation des sucres exotiques français et étrangers, avec décroissance annuelle du droit jusqu'à la limite inférieure qui pourrait être maintenue, ou jusqu'à sa suppression, et établissement d'un droit uniforme de consommation sur les sucres de toutes provenances sans distinction d'origine.

Nous venons de voir quel serait l'effet probable de l'abaissement du droit sur les sucres coloniaux.

Le recouvrement d'un droit de consommation offrirait certainement de grandes difficultés. Cependant la plupart des obstacles s'aplaniraient si l'on se persuadait davantage qu'il suffit, au début d'un impôt nouveau, d'en consacrer le principe; qu'il faut moins s'attacher à atteindre d'abord toute la matière imposable, qu'à façonner en quelque sorte le contribuable, et à préparer l'assiette de l'impôt : le temps, qui vient en aide à qui sait attendre, se chargeant toujours, avec l'aide du fisc, de corriger ce qui est défectueux, de fortifier ce qui est faible, et, quand le moment est venu, d'animer la perception de toute l'énergie nécessaire au but qu'elle doit atteindre.

Il est à considérer d'ailleurs que dans le cas présent, il s'agit d'un impôt qui a de l'avenir, et il ne faut pas en compromettre l'existence ou en arrêter le développement par une puérile impatience. La consommation du sucre en France était, en 1812, de trois onces par individu; en 1817, elle était d'un kilogramme; en 1820, de trois livres; en 1826, de deux kilogrammes; en 1831, de deux kilogrammes et demi, et, en 1836, on l'évalue à plus de trois kilogrammes. Ainsi, en ne remontant pas au-delà de 1820, la proportion a doublé en 16 années, progression qui élèverait la consommation à 200 millions de kilogrammes bien avant 1830 (1).

- - -

(1) « La réduction des prix tendrait « à répartir plus également dans le « royaume une consommation aujourd'hui concentrée dans la capitale et « dans quelques villes opulentes. Cette « consommation, médiocre ou nulle dans « la plupart des provinces, n'est connue « que des classes supérieures de la société. Les classes inférieures se familiariseraient avec un aliment salubre « autant qu'agréable, et qui offre une « utilité réelle dans l'économie domestique. En améliorant aussi nos habitudes alimentaires, nous arriverions « à généraliser cette consommation en « France comme elle l'est en Angleterre, et à niveler l'extrême différence « qui existe entre elles. En France, la

En présence de ce résultat obtenu sous l'empire d'un prix moyen (de plus de 20 sols la livre, que les progrès de la science doivent faire descendre, tous droits compris, à 6o ou 5o centimes), il semble que le législateur doive peu se préoccuper du mode de l'impôt, pourvu que la fabrication ne soit pas gênée dans ses allures et dans ses expérimentations, pourvu que la consommation puisse descendre librement des classes riches, qui forment le sommet de la pyramide sociale, à la masse de la population, qui en forme la base : sous ce double rapport, la perception à l'octroi des villes, ne fût-ce qu'à titre d'essái, présenterait d'incontestables avantages, et le reproche le plus sérieux qu'on lui fait, celui de ne pas atteindre la consommation des campagnes, serait sans doute son premier titre à la préférence, si l'on considérait davantage qu'en fait de consommation de luxe, les habitudes sont faites ou faciles dans les villes et que tout est à faire dans les communes rurales; que la franchise du droit pour la consommation foraine est un encouragement utile, pour l'impôt lui-même qu'il fécondera pour un avenir plus ou moins rapproché, et utile surtout comme

« consommation n'est que de quatre
« livres par tête environ ; dans le
« Royaume-Uni, elle s'élève à quatorze
« livres, et dans l'Angleterre propre-
« ment dite, à vingt-deux livres par in-
« dividu. » (Enquête de 1829, page
« 181.) »

moyen de désagglomération des populations urbaines, et comme moyen d'amélioration d'agriculture, pour laquelle, suivant l'expression de Columelle, le séjour du maître est le plus puissant engrais.

L'établissement d'un droit semblable, combiné avec l'abaissement immédiat du tarif de douanes, et sa réduction progressive, en rendant la lutte plus égale entre le sucre exotique et le sucre indigène, doit certainement exercer une heureuse influence sur la condition de nos colonies. Mais il est une circonstance particulière, résultat de causes plus ou moins accidentelles, plus ou moins durables, qui peut encore concourir à ce but : je veux parler du haut prix des sucres étrangers sur les principaux marchés producteurs.

Les colons, en enfermant la métropole dans le cercle de Popilius, ont dit : ou l'égalité complète entre la canne et la betterave, ou la faculté d'exporter directement nos sucres à l'étranger; et ils ont ajouté dans leur ultimatum : « On « se trompe en France en croyant « les colonies tout-à-fait dépen- « dantes de la consommation mé- « tropolitaine; elles ont étudié et « elles connaissent leurs intérêts. « Vingt mille barriques représen- « tant dix millions de kilogrammes « ont quitté, en 1835, les entre- « pôts de France (1), et malgré les

(1) Lettre du conseil des délégués des colonies.

N. B. Il y a erreur dans cette énon-

« frais d'une double navigation,
« sont allées se placer à l'étranger.
« Le même fait se reproduira en
« 1836, sur une plus grande
« échelle, et il est probable, si la
« législation n'est pas changée,
« qu'en 1837 ou 1838 les ports
« de France ne serviront plus que
« de transit aux sucres de nos co-
« lonies. »

Nous avons dit plus haut ce que
nous croyons d'un événement qui
ne se fonde ni sur le changement
des conditions naturelles de la
production, ni sur l'existence d'une
demande plus considérable; mais
en acceptant le fait tel qu'il se produit, accident ou révolution, rien
n'est plus conforme au droit et à
l'équité, rien n'est plus conforme
à la simple raison, quand aucun
intérêt de monopole ou d'impôt
ne vient se jeter à la traverse, que
de permettre à la marchandise
d'atteindre le lieu de vente aux
moindres frais possibles.

Et ce ne sont pas seulement les
colons qui le demandent : le Havre
et Marseille réclament avec insis-
tance le droit d'exporter directement par bâtimens français des
sucres de nos Antilles à l'étranger,
et particulièrement aux États-Unis
d'Amérique.

Il est vrai que l'administration
des finances a répondu à cette demande par un refus motivé sur la

ciation, la quantité de sucres autres
que raffinés, sortis de l'entrepôt pour
l'étranger, en 1835, a été seulement de
4,555,901 kilogrammes.

crainte de *porter une grave at-*
teinte au commerce, à l'industrie et
à la marine marchande, et de mo-
difier dans l'une de ses bases es-
sentielles, la législation qui les pro-
tége; mais une pareille décision, si
elle pouvait être l'expression
exacte du régime actuel des colonies, en serait la plus amère cri-
tique et la plus formelle condam-
nation. Quoi! pour exporter une
cargaison de sucre des Antilles au
port étranger le plus voisin de la
côte, il me faudrait franchir 2500
lieues uniquement pour venir saluer le principe de la souveraineté
métropolitaine! Et cela, au moment où le même arrêté proclame
avec raison « *que les facilités*
avantageuses au commerce en gé-
néral favorisent aussi les intérêts
des colons en rendant le marché
étranger plus accessible à la par-
tie des sucres coloniaux excédant
les besoins de la consommation
de la métropole (1).

____

(1) Arrêté du ministre des finances,
du 13 juin 1836, concernant les sucres
importés des colonies dans les ports de
la métropole, et immédiatement réexpé-
diés à destination de l'étranger.

« Nous, pair de France, ministre se-
« crétaire d'état des finances;

« Vu la demande de MM. Rabaud
« frères, négocians à Marseille, ten-
« dante à obtenir la faculté de transpor-
« ter directement de nos colonies des
« Antilles à l'étranger, et particulière-
« aux États-Unis d'Amérique, jusqu'à
« concurrence de quinze millions de
« kilog. de sucre;

« Vu une autre demande de M. Le-
« fèvre aîné, armateur au Havre, qui

La loi ne peut vouloir l'absurde! Créée dans le but unique de main-tenir le monopole de la France sur les productions de ses colonies,

---

« sollicite seulement l'autorisation de
« faire relever pour l'étranger, sans
« entrer dans le port, deux cargaisons
« de sucre qu'il attend prochainement
« de la Guadeloupe, par ses navires
« l'*Antigone* et l'*Adèle*;

« Vu le réglement du 30 août 1698,
« qui interdit aux colonies de commer-
« cer avec l'étranger, et réserve exclu-
« sivement à la métropole la faculté de
« recevoir le produit de leurs récoltes;

« Vu les articles 3 et 4 de l'acte de
« navigation du 21 septembre 1793,
« d'après lesquels le transport de ces
« produits ne peut s'effectuer que par
« navires français;

« Vu l'article 2 de la loi du 17 juillet
« 1771 et l'article 15 de celle du 27
« juillet 1822, qui veulent que le trans-
« port ait lieu directement des co-
« lonies à la métropole sans escale à
« l'étranger;

« Vu l'article 15 de la loi du 8 floréal
« an XI et l'article 2 de la loi du 7 dé-
« cembre 1815, qui accordent dans les
« ports du royaume la faculté de l'en-
« trepôt fictif aux productions colo-
« niales;

« Vu l'article 14 de la loi du 8 floréal
« an XI, qui en permet la réexporta-
« tion à toute destination étrangère;

« Considérant que le régime colonial,
« tel qu'il est établi par les lois et ré-
« glemens précités, embrasse à la fois
« les intérêts du commerce, ceux de
« l'industrie et de la marine marchande
« du royaume; que la faculté qui fait
« l'objet de la première demande porte-
« rait une atteinte grave à ces intérêts
« généraux, et modifierait, dans l'une
« de ses bases essentielles, la législa-
« tion qui les protége;

« Considérant, quant à la seconde de-
« mande, qu'elle n'a rien de contraire
« à la législation qui régit les colonies,
« et dont toutes les conditions seront
« accomplies, ni au régime des entre-
« pôts, dont l'objet est de faciliter les
« réexportations, et qu'il s'agit seule-
« ment de simplifier le mode de vérifi-
« cation de la douane, afin d'épargner
« au commerce des retards et des
« frais;

« Considérant enfin que ces facilités,
« avantageuses au commerce en géné-
« ral, favoriseront aussi les intérêts des
« colons, en rendant le marché étran-
« ger plus accessible à la portion des
« sucres de nos colonies excédant les
« besoins de la consommation de la mé-
« tropole;

« Sur le rapport du maître des re-
« quêtes, directeur de l'administration
« des douanes, avons arrêté et arrê-
« tons ce qui suit :

« Art. 1er. La faculté réclamée par
« MM. Rabaud frères est refusée;

« Art. 2. Celle demandée par M. Le-
« fèvre est accordée sous les réserves
« et conditions suivantes:

« Tout capitaine de navire français
« venu directement de nos colonies dans
« un port du royaume, avec des sucres
« destinés à être réexportés pour l'étran-
« ger, pourra, sans être tenu de les dé-
« barquer, reprendre immédiatement
« la mer, après toutefois qu'il aura sa-
« tisfait aux formalités et aux obliga-
« tions prescrites en pareils cas par les
« lois et réglemens, et que les agens des
« douanes se seront assurés, par une
« vérification faite à bord, de la nature
« et de l'importance de la cargaison,
« ainsi que de son identité avec les ex-
« péditions de la colonie dont elle sera
« accompagnée.

« Art. 3. Le maître des requêtes,
directeur de l'administration des doua-

elle a cessé d'être loi le jour où la France a répudié le bénéfice de ce monopole et déclaré au contraire *que le privilége colonial ne serait plus accordé qu'aux productions du sol des colonies françaises rapportées directement et par navires français de 60 tonneaux au moins.* (*Loi du 27 juillet 1822*) (1).

Le navire qui, revenant des colonies, fait escale sur un point intermédiaire, pour charger ou décharger des marchandises, dénationalise le reste de sa cargaison; mais, s'il accepte cette conséquence, la loi est satisfaite (2).

---

nes, est chargé de l'exécution du présent arrêté.

« Fait à Paris, le 13 juin 1836.

« *Signé* comte d'Argout. »

(1) « Les lois ne sommeillent pas ; elles sont mortes ou vivantes.

« L'abrogation peut être ou textuelle ou implicite, opérée par les contraires. »

(Dupin , procureur général près la cour de cassation ; affaire des libraires, 1835.)

(2) L'Angleterre a été de tout temps plus prompte que la France à modifier le régime de ses colonies, toutes les fois que les circonstances en ont indiqué l'utilité. En 1820 , les colons se plaignirent des faux-frais qu'imposait à leurs produits l'obligation de venir d'abord les importer en Angleterre pour les réexporter ensuite ; dès la première session , M. Robinson proposa dans la chambre des Communes la suppression de cette entrave, et elle fut prononcée par acte du 24 juin 1822 : M. Robinson disait : « Les bâtimens espagnols et portugais font voile directement de Cuba et du Brésil pour la Baltique. Je ne vois

---

Hâtons-nous donc de le dire : la loi existe, elle est devenue absurde et il faut la changer; si elle est morte de sa propre ruine, il faut le proclamer hautement pour l'honneur du pays, en répétant ce que disait M. de Maurepas il y a déjà plus d'un siècle : « *Si l'on a exigé l'apport en France des sucres destinés à être réexportés , c'est parce que l'on ne pensa pas alors qu'ils pussent déboucher directement des îles pour les pays voisins; et si l'on réfléchit aux avantages qui résulteraient de ce transport direct, on trouvera que les sucres*

---

pas pourquoi il ne serait pas permis aux bâtimens anglais d'atteindre la même destination sans subir l'augmentation de dépenses et la diminution de profits qui résultent d'un voyage préalable en Angleterre. Je ne vois pas pourquoi nos produits coloniaux devraient subir les frais de débarquement et d'emmagasinage en Angleterre, pour aller soutenir ensuite sur les marchés du continent la concurrence avec les produits des colonies étrangères, exempts de charges semblables. Que le principe appliqué à Malte et à Gibraltar soit rendu commun à toute l'Europe ; permettons que tous les articles qui peuvent être expédiés dans les pays étrangers, après avoir passé en Angleterre, puissent recevoir cette destination sans avoir été d'abord transportés en Angleterre. »

En ce moment il est permis d'importer par 38 ports des possessions anglaises dans l'Amérique toute espèce de denrées, à l'exception de la poudre, des armes , munitions de guerre, du thé, du poisson sec ou salé, des huiles, fanons et produits d'animaux de mer, du café, des sucre, mélasse et rhum , de la monnaie

transporlés directement mérite-raient une plus grande faveur que ceux qui sortent de France pour l'étranger, et qu'il serait à désirer, pour le bien des îles françaises et pour le commerce du royaume, que ce transport fût plus considé-rable. »

Cent huit années n'ont pas vieilli l'avis de M. de Maurepas.

A la vérité, les colons ont été plus loin; ils ont demandé la faculté d'exporter leurs sucres sous tous les pavillons et d'importer en échange toute espèce de marchandises; mais, heureusement, cette question n'est pas liée avec celle de l'exportation directe des sucres, de telle sorte que celle-ci ne puisse en être séparée : autrement la demande affectant l'existence même du régime des colonies, il faudrait subordonner le tout à-la révision entière du pacte colonial, et Dieu sait si les demandes de l'étranger attendraient

l'enfantement d'une constitution.

Le seul point à examiner, peut-être, est de savoir si les bâtimens francisés seulement aux colonies peuvent être admis au transport direct des sucres coloniaux à l'étranger.

Aux termes de l'article 34 du décret du 10 juillet 1791, les marchandises et denrées expédiées des colonies, sur des vaisseaux desdites colonies, pour un des ports du royaume, sont traitées comme celles apportées par les bâtimens armés en France. Ainsi, dans l'état actuel, ces bâtimens peuvent effectuer le transport des denrées entre la France et les colonies : la loi du 27 juillet 1822 exclut seulement de cette navigation les navires de moins de 60 tonneaux. Il en résulte qu'un navire appartenant aux colonies, parti des Antilles avec une cargaison de sucre, peut, après être venu saluer un port de France, relever immédiate-

---

de bas aloi ou fausse, et des livres prohibés dans le Royaume-Uni.

L'exportation par les mêmes ports est libre et sans droits pour toute espèce de marchandises des cru, produit ou manufacture des possessions anglaises dans l'Amérique, et pour les marchandises qui y ont été légalement importées : le charbon de terre provenant du Royaume-Uni est seul excepté, et ne peut être réexporté qu'après avoir acquitté le droit imposé à ce combustible à la sortie d'Angleterre.

Toutefois, 1° l'importation des marchandises étrangères dans les colonies anglaises ne peut avoir lieu que par les navires du pays des cru, produit ou ma-

nufacture desdites marchandises; l'exportation est libre par tous navires et pour toutes destinations, sauf les possessions anglaises.

2° La faculté d'importation ou d'exportation est restreinte aux seuls pavillons qui, possédant des colonies, accorderont la réciprocité au pavillon anglais, ou qui, n'ayant pas de colonies, placeront la navigation et le commerce anglais sur le pied de la nation la plus favorisée.

Tous transports de produits entre la métropole et les colonies, et *vice versâ*, sont réservés à la navigation anglaise.

(*Voir les actes du 24 juin 1822, 27 juin et 5 juillet 1825, et 28 août 1833.*)

ment pour un port étranger, en se conformant aux formalités énoncées dans l'arrêté de M. le ministre des finances, et là, suivant l'acte de navigation, prendre pour les Antilles un chargement d'animaux vivans, de riz, de sel ou de toute autre marchandise admissible dans les colonies.

Si donc le droit d'exportation directe des sucres tropicaux est reconnu purement et simplement, comme découlant de l'abrogation implicite des dispositions contraires, les conséquences légales suivent naturellement, et au premier rang se place le droit pour les bâtimens appartenant aux colonies, mais de plus de 60 tonneaux, de se livrer à cette nature de transport.

Mais si au contraire cette faculté doit être considérée comme une concession de la métropole, emportant dérogation au régime colonial, la législation se trouvera saisie naturellement du droit d'examiner si le bénéfice de cette concession doit être subordonné à des conditions spéciales de tonnage ou de francisation (1). Dans tous les cas, ces conditions doivent être les mêmes pour les colonies et pour la métropole, parce que, désormais, la métropole et les colonies ne peuvent avoir d'autre droit que le droit commun, et d'autre principe que l'égalité devant la loi.

Avant de quitter cette question, il nous reste à dire un mot d'une autre demande qui, par une coïncidence d'autant plus heureuse qu'elle est plus rare, se trouve appuyée en même temps par les colonies et par la métropole.

Dans la dernière session, le conseil général du commerce, sur la proposition de la chambre de commerce de Marseille, a demandé l'établissement, sous certaines conditions, d'entrepôts réels dans les colonies. Les colons appuient vivement cette demande.

Déjà, en 1829, la question s'était présentée, non pas générale et absolue, mais restreinte et limitée à la faculté d'entrepôt des sucres, des cafés, cotons et cacaos étrangers.

« L'entrepôt des sucres étrangers, disait-on, fournirait des char-

______

(1) La législation anglaise ne fait aucune distinction entre les navires des colonies et ceux de la métropole ; tout bâtiment dûment enregistré, et qui satisfait, relativement à la propriété du navire et à la composition de l'équipage, aux conditions déterminées par la loi, a droit aux priviléges et avantages attribués aux navires anglais. L'enregistrement peut être fait dans le Royaume-Uni et l'île de Man ; dans les îles de Jersey et Guernesey ; dans les possessions anglaises de l'Asie, de l'Afrique et de l'Amérique ; enfin à Gibraltar, Malte et Héligoland : seulement les navires enregistrés dans ces trois possessions ne jouissent pas des avantages et priviléges attribués aux navires anglais pour la navigation entre le Royaume-Uni et les possessions anglaises dans l'Amérique.

(*Art. 1 et 2 de l'acte du 28 août 1833.*)

gemens aux navires français qui y viennent quelquefois en trop grand nombre, et qui alors sont obligés ou de s'en retourner avec moitié chargement ou d'aller chercher un fret aux États-Unis.

« L'entrepôt faciliterait l'écoulement à l'étranger des marchandises françaises dont l'encombrement dans nos colonies a lieu à certaines époques, ce qui occasionne l'avilissement de leur prix.

« L'entrepôt donnerait les moyens de compléter par des échanges en nature le paiement des cargaisons américaines.

« L'admission en entrepôt des cafés et des cotons étrangers donnerait aussi à notre commerce la faculté d'assortir ses cargaisons.

« L'admission du cacao aurait un autre avantage. Le meilleur cacao provient de la Trinité et des Carraques. Il se consomme principalement en Espagne. Cette puissance, n'ayant pas de navigation, se sert de la nôtre. Bordeaux a la meilleure part des transports. Si ces cacaos étaient importés aux Antilles, par le cabotage colonial, nos vaisseaux ne seraient plus obligés d'aller chercher ailleurs une denrée qui n'occupe d'ordinaire qu'un médiocre volume dans les chargemens.

« Enfin il n'existe pas de commerce direct de la France avec certaines colonies étrangères, et l'entrepôt favoriserait un commerce intermédiaire (1).

---

(1) Enquête de 1829, p. 299.

Mais cette demande fut écartée, par le motif que cet établissement favoriserait le commerce des colonies avec les pays étrangers au détriment du commerce et de la navigation de la France; que l'entrepôt des marchandises manufacturées à l'étranger aurait l'inconvénient de mettre sous les yeux des colons des marchandises dont l'usage leur demeurerait interdit et de leur en donner le goût; que d'ailleurs le service des douanes des Antilles n'était pas assez fortement organisé pour prévenir les abus d'un pareil établissement. Sous ces différens rapports, la question parut prématurée et fut abandonnée.

Aujourd'hui la question se présente de nouveau, non plus comme en 1829, réduite aux proportions bâtardes d'une concession partielle, mais timide encore et empreinte de cet esprit d'hésitation qui annonce la lutte entre les convictions et les préjugés, entre la nécessité et l'égoïsme. Ainsi les colonies veulent l'entrepôt, mais l'entrepôt sans les sucres et les cafés étrangers, comme si la concurrence de ces denrées était plus à craindre chargées des frais d'escale que portées directement des lieux de production en Europe : ainsi la métropole veut les entrepôts aux colonies, mais uniquement pour les marchandises sorties des entrepôts de France et portées par ses propres navires, réduisant la part des étrangers aux marchandises des pays hors d'Europe ;

comme si une pareille restriction, dont le premier effet serait de nous interdire toute communication avec les colonies anglaises (1), ne devait pas annuler le bienfait de la mesure ; comme si la condition indispensable, la vie de l'entrepôt, n'était pas la libre communication avec l'étranger de toute provenance et de tout pavillon.

Déjà l'ordonnance du 5 février 1826 « voulant donner plus d'uni- « formité au régime commercial « des îles de la Martinique et de « la Guadeloupe, et en même temps « étendre et faciliter leurs rela- « tions de commerce avec l'étran- « ger en tout ce qui n'est pas con- « traire aux intérêts de la métro- « pole, » a permis aux navires, soit nationaux, soit étrangers, d'impor- ter dans ces îles les diverses den- rées et marchandises dont nous avons donné précédemment la nomenclature ; elle a permis, en outre, aux navires étrangers et français d'exporter à l'étranger, en franchise de tous droits, les den- rées et marchandises importées soit de France, soit de tout autre pays, avec restitution des droits perçus lors de leur entrée dans la colonie.

D'un autre côté, Bourbon jouit déjà de la plupart des facilités de l'entrepôt.

Il ne s'agirait donc en réalité que de régulariser et de développer ce qui existe déjà, et d'appliquer aux établissemens coloniaux le béné- fice de la loi du 9 février 1832 qui a ouvert au prohibé les entrepôts de la métropole ; seulement il faut poser la question franchement et dire : *Admission en entrepôt de toutes marchandises françaises et étrangères, prohibées ou non prohi- bées, par navires français ou par navires du pays, des cru, produit ou manufactures desdites marchan- dises. Exportation libre par tous pavillons* (1). Le reste appartient au domaine du réglement, et ne saurait offrir de difficultés sé- rieuses d'exécution.

Le conseil général de commerce a lié à la création des entrepôts la question de l'admission des mar- chandises étrangères à la consom- mation coloniale. Mais cette ques- tion, que nous avons déjà traitée, ne s'y lie pas plus que celle du prohibé dans les entrepôts de France ne se liait à la levée des prohibitions, et beaucoup moins qu'elle ne se lie à l'exportation directe des sucres. Nous la lais- serons donc, dans l'intérêt même de la question des entrepôts, à la discussion du régime colonial à la- quelle elle appartient.

Nous venons de parcourir suc-

---

cessivement différents points d'une importante question, d'une grave controverse : c'est un débat qui appartient, par le droit de la presse, au domaine de la discussion publique ; et cependant, en l'abordant, nous avons eu en vue moins de traiter à fond un sujet où tous les partis se passionnent au nom des plus grands intérêts de la fortune publique, que de rechercher des faits et des dates et de préparer quelques matériaux pour une œuvre où le législateur rencontrera trop de difficultés pour dédaigner aucun secours. Quant aux intérêts, ils se défendront eux-mêmes.

L'agriculture dira ce qu'elle attend, ce qu'elle obtient de la culture de la betterave ; le prix qu'elle donne à la terre ; les alimens qu'elle fournit à l'engraissement du bétail ; la variété qu'elle introduit dans les assolemens ; les transports qu'elle multiplie ; l'activité qu'elle répand dans le rayon de chaque usine au profit du propriétaire du sol, du fermier, du fabricant, des hommes de travail.

Les colonies parleront de leurs sacrifices pour la production de la canne après l'abandon des autres cultures ; de l'indispensabilité pour elles de cet unique moyen d'échange contre les objets de première nécessité, vivres, vêtemens, instrumens ; de leurs dettes envers les ports de la métropole ; de la cherté des produits français, et de la navigation nationale ; de leur ruine imminente.

Les ports de mer feront valoir l'intérêt de la puissance maritime de la France, appuyé sur une navigation qui tient à la mer 450 navires et 6,000 matelots ; les avances faites aux colonies ; le travail immense que fournit cette navigation à tout le littoral maritime.

L'industrie détaillera les 50 millions de marchandises qu'elle expédie annuellement aux colonies, marchandises qui appartiennent à tous les règnes, à toutes les contrées de la France ; les avantages résultant de ce débouché ; la difficulté ou même l'impossibilité de le remplacer.

Le trésor enfin proclamera l'imminence d'une réduction dans le produit de l'impôt des sucres ; les besoins de l'Etat, la nécessité d'une compensation pour la perte du revenu de la loterie et des jeux ; l'urgence d'une mesure prompte et efficace.

Et sur le tout viendra la presse, organe de tous les intérêts, avocat de toutes les causes, remuant la matière de fond en comble, plaidant pour, contre ou sur l'agriculture nationale, les colonies, la puissance maritime de la France, les droits des manufactures du pays, les besoins du trésor.

Puis enfin le procès sera instruit, et la législature, grand jury aux trois pouvoirs, aura à peser, les pièces à la main, ce que fut d'abord la législation coloniale, quand la métropole avait le droit de jeter son épée dans la balance ; ce qu'elle devint, quand les colonies curent acheté le droit de bourgeoisie au poids de l'or : ce qu'elle a cessé d'être, depuis qu'après de longues vicissitudes et de nombreux relâchemens, les faits ont complétement changé tous les rapports et renversé toutes les bases du vieil édifice.

Faut-il étendre aux colonies le régime commercial de la métropole, en réservant le cabotage à la navigation nationale ?

Ou, si un changement aussi considérable paraît trop aventureux, n'est-il pas urgent de rétablir, par une combinaison fiscale, l'équilibre rompu entre les productions de la métropole et celles des colonies ?

Et ne convient-il pas, en même temps, n'est-il pas nécessaire, de profiter de cette circonstance pour doter les colonies de tous les établissemens propres à étendre leurs relations avec le commerce étranger, et faire justice de toutes les restrictions mesquines qui, sans profit pour le pays, entretiennent les récriminations et nuisent à tous les intérêts, en troublant la sécurité du présent et la confiance de l'avenir ?

Sénac.

IMPRIMERIE DE PAUL DUPONT ET COMP.,
Rue de Grenelle-St-Honoré, n° 55.

99